AF206721

Impressum
Verlag: BABADADA GmbH, Nedderfeld 112 , 22529 Hamburg
Geschäftsführer / Verlagsleitung: Harald Hof
Druck: Books on Demand GmbH, In de Tarpen 42, 22848 Norderstedt

Imprint
Publisher: BABADADA GmbH, Nedderfeld 112 , 22529 Hamburg, Germany
Managing Director / Publishing direction: Harald Hof
Print: Books on Demand GmbH, In de Tarpen 42, 22848 Norderstedt, Germany

Szkoła
school

Sala lekcyjna
klaslokaal

dzielić
delen

186/2

Tablica
bord

Dziedziniec szkolny
schoolplein

Nauczyciel
leraar

Papier
papier

pisać
schrijven

Pisak
pen

Biurko
bureau

Liniał
lineaal

Książka
boek

Uczeń
leerling

Plecak szkolny

schooltas

Piórnik

etui

Ołówek

potlood

Temperówka

puntenslijper

Gumka do mazania

gum

Blok rysunkowy

schetsblok

Rysunek

tekening

Pędzel

penseel

Pudełko z akwarelami

verfdoos

Nożyce

schaar

Klej

lijm

Książka do ćwiczenia

schrift

Zadanie domowe

huiswerk

Liczba

getal

dodawać

optellen

odejmować

aftrekken

mnożyć

vermenigvuldigen

liczyć

rekenen

Litera

letter

Alfabet

alfabet

Słowo

woord

Tekst

tekst

czytać

lezen

Kreda

krijt

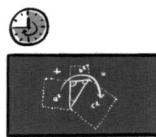

Godzina

les

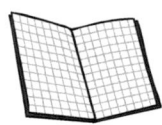

Dziennik lekcyjny

klassenboek

Egzamin

examen

Świadectwo

diploma

Mundurek szkolny

schooluniform

Wykształcenie

opleiding

Leksykon

encyclopedie

Uniwersytet

universiteit

Mikroskop

microscoop

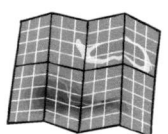

Mapa

kaart

Kosz na odpadki

prullenmand

Szkoła - school

Hotel
hotel

Grand

Schronisko
hostel

ROOMS

Kantor wymiany walut
wisselkantoor

€CHANGE

Walizka
koffer

Auto
auto

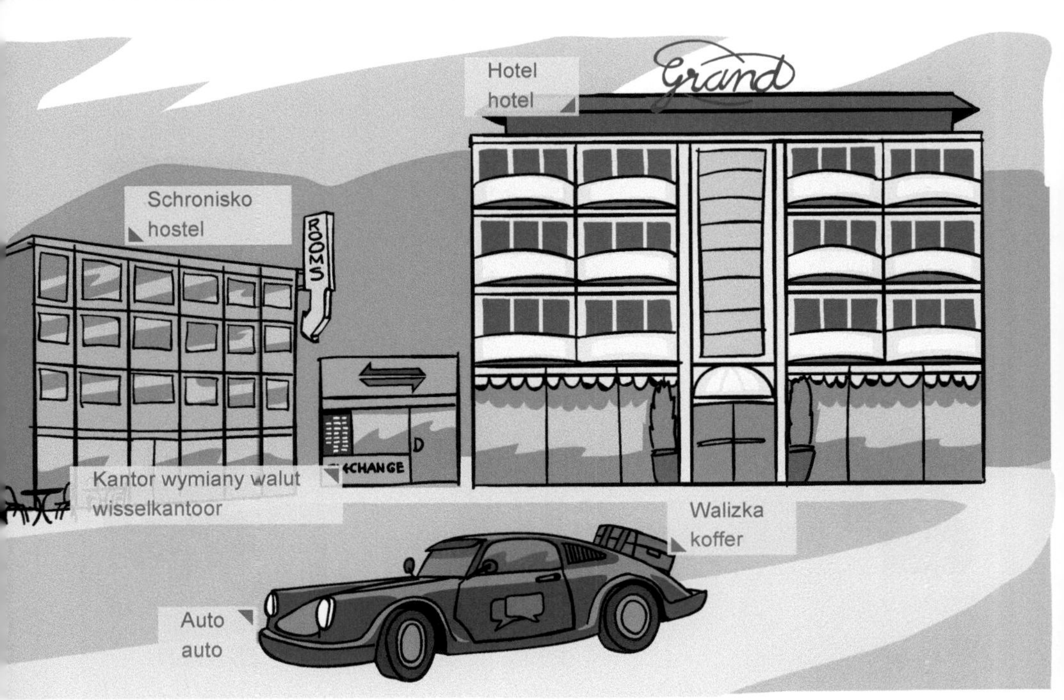

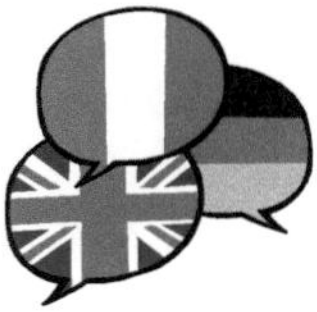

Język
taal

tak / nie
ja / nee

OK
oké

Halo
Hallo!

Tłumacz
tolk

Dziękuję
Bedankt.

Ile kosztuje ...?

Wat kost ...?

Nie rozumiem

Ik begrijp het niet.

Problem

probleem

Dobry wieczór!

Goedenavond!

Dzień dobry!

Goedemorgen!

Dobranoc!

Goedenacht!

Do widzenia

Tot ziens!

Kierunek

richting

Bagaż

bagage

Torba

tas

Plecak

rugzak

Gość

gast

Pokój

kamer

Śpiwór

slaapzak

Namiot

tent

Podróż - reis

Informacja turystyczna

VVV-kantoor

Plaża

strand

Karta kredytowa

creditkaart

Śniadanie

ontbijt

Obiad

lunch

Kolacja

diner

Bilet

kaartje

Winda

lift

Znaczek na list

postzegel

Granica

grens

Cło

douane

Ambasada

ambassade

Wiza

visum

Paszport

paspoort

Transport
transport

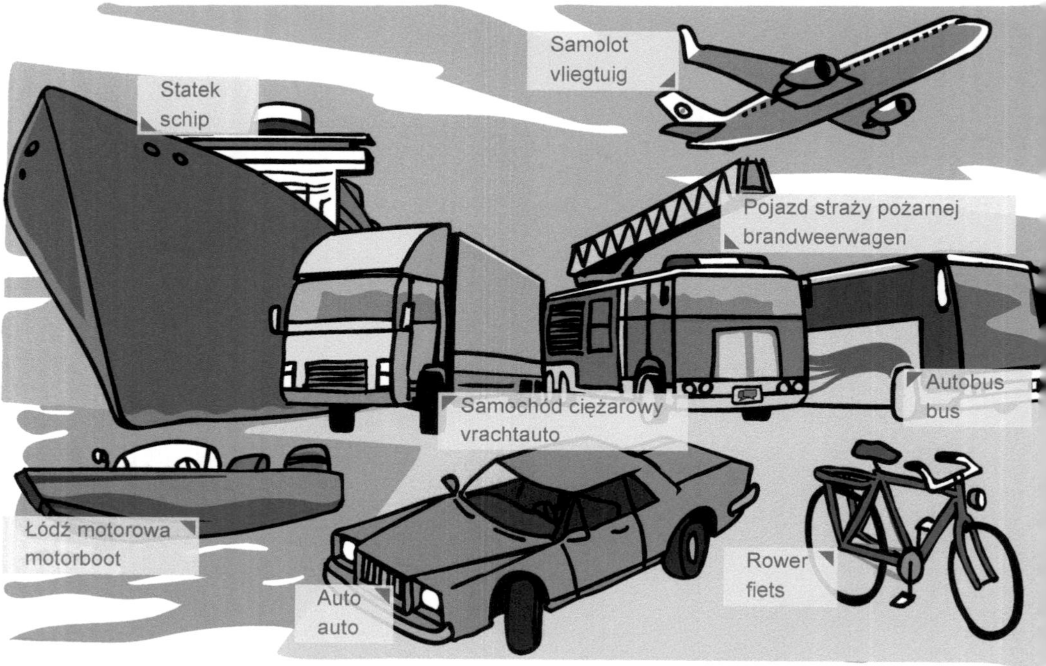
Samolot
vliegtuig
Statek
schip
Pojazd straży pożarnej
brandweerwagen
Autobus
bus
Samochód ciężarowy
vrachtauto
Łódź motorowa
motorboot
Rower
fiets
Auto
auto

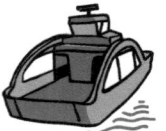

Prom

veerboot

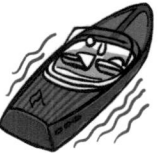

Łódź

boot

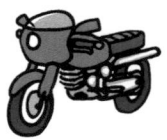

Motocykl

motorfiets

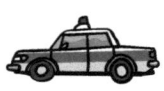

Radiowóz policyjny

politiewagen

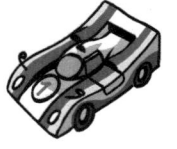

Samochód wyścigowy

raceauto

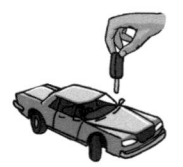

Samochód wypożyczony

huurauto

Wspólne przejazdy
samochodem
carsharing

Samochód pomocy
drogowej
takelwagen

Śmieciarka

vuilniswagen

Silnik

motor

Benzyna

benzine

Stacja benzynowa

benzinepomp

Znak drogowy

verkeersbord

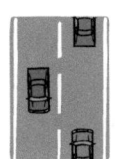

Ruch

verkeer

Korek

file

Parking

parkeerplaats

Dworzec

station

Szyny

rails

Pociąg

trein

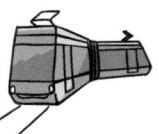

Tramwaj

tram

Wagon

wagon

Helikopter

helikopter

Lotnisko

luchthaven

Wieża

toren

Pasażer

passagier

Kontener

container

Karton

verhuisdoos

Taczka

kar

Kosz

mand

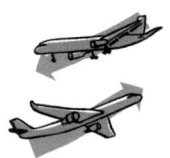

startować / lądować

opstijgen / landen

Miasto
stad

Wieś

dorp

Centrum miasta

stadscentrum

Dom

huis

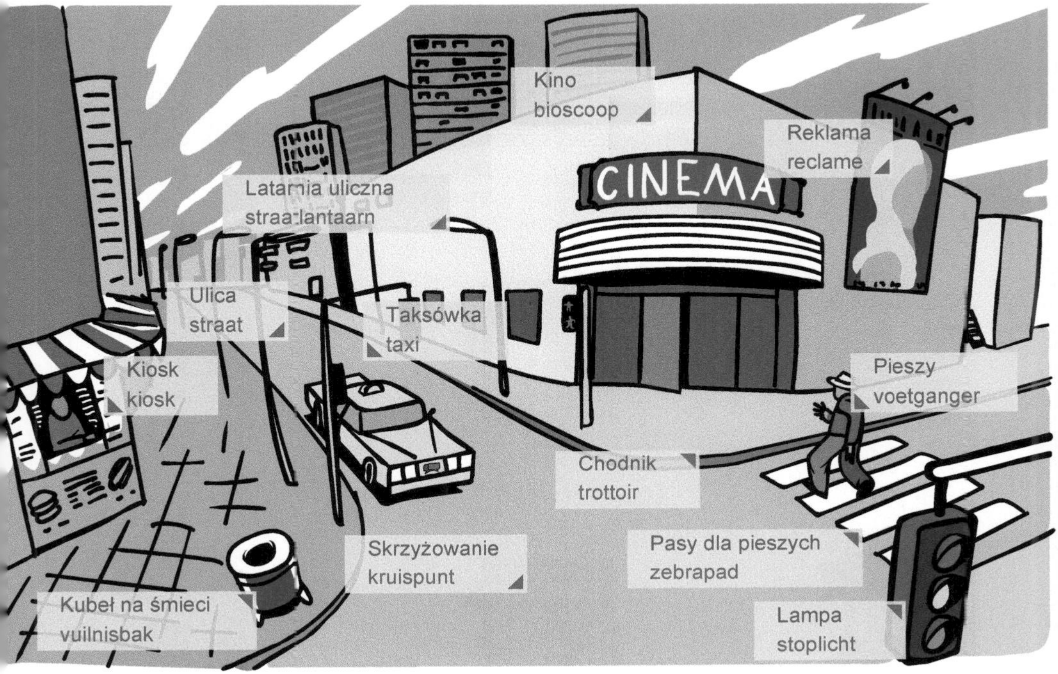

Kino
bioscoop

Reklama
reclame

Latarnia uliczna
straatlantaarn

CINEMA

Ulica
straat

Taksówka
taxi

Pieszy
voetganger

Kiosk
kiosk

Chodnik
trottoir

Skrzyżowanie
kruispunt

Pasy dla pieszych
zebrapad

Kubeł na śmieci
vuilnisbak

Lampa
stoplicht

Chata

hut

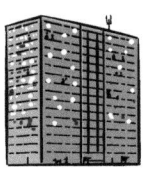

Mieszkanie

appartement

Dworzec

station

Ratusz

stadhuis

Muzeum

museum

Szkoła

school

Miasto - stad

Uniwersytet

universiteit

Bank

bank

Szpital

ziekenhuis

Hotel

hotel

Apteka

apotheek

Biuro

kantoor

Księgarnia

boekenwinkel

Sklep

winkel

Kwiaciarnia

bloemenwinkel

Supermarket

supermarkt

Rynek

markt

Dom towarowy

warenhuis

Sklep z rybami

visboer

Centrum handlowe

winkelcentrum

Port

haven

Park

park

Ławka

bank

Most

brug

Schody

trap

Metro

metro

Tunel

tunnel

Przystanek autobusowy

bushalte

Bar

bar

Restauracja

restaurant

Skrzynka na listy

brievenbus

Tabliczka z nazwą ulicy

straatnaambord

Parkometr

parkeermeter

Zoo

dierentuin

Łaźnia

zwembad

Meczet

moskee

Gospodarstwo chłopskie
boerderij

Zanieczyszczenie
środowiska
vervuiling

Cmentarz
begraafplaats

Kościół
kerk

Plac zabaw
speelplaats

Świątynia
tempel

Krajobraz
landschap

Liść
blad

Drogowskaz
wegwijzer

Droga
weg

Łąka
weide

Kamień
steen

Wędrowiec
wandelaar

Drzewo
boom

Rzeka
rivier

Trawa
gras

Kwiat
bloem

Dolina
vallei

Góra
berg

Jezioro
meer

Las
bos

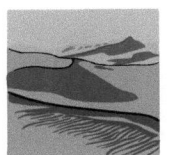

Pustynia
woestijn

Wulkan
vulkaan

Zamek
kasteel

Tęcza
regenboog

Grzyb
paddenstoel

Palma
palmboom

Komar
mug

Mucha
vlieg

Mrówka
mier

Pszczoła
bij

Pająk
spin

Chrząszcz

kever

Żaba

kikker

Wiewiórka

eekhoorn

Jeż

egel

Zając

haas

Sowa

uil

Ptak

vogel

Łabędź

zwaan

Dzik

wild zwijn

Jeleń

hert

Łoś

eland

Tama

stuwdam

Wiatrak

windmolen

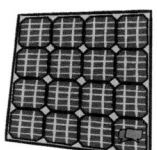

Moduł solarny

zonnepaneel

Klimat

klimaat

Krajobraz - landschap

Restauracja
restaurant

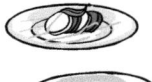

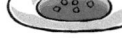

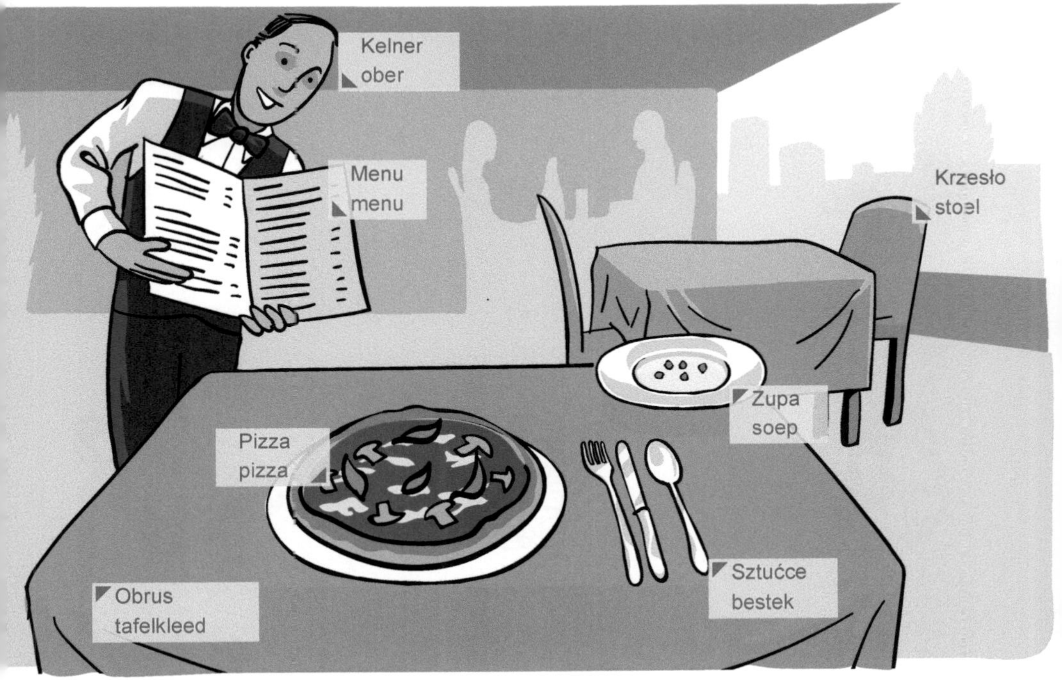

Kelner
ober
Menu
menu
Krzesło
stoel
Zupa
soep
Pizza
pizza
Obrus
tafelkleed
Sztućce
bestek

Przystawka

voorgerecht

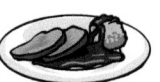

Danie główne

hoofdgerecht

Deser

toetje

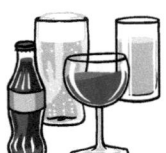

Napoje

dranken

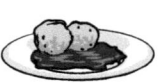

Jedzenie

eten

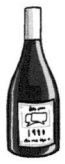

Butelka

fles

Fastfood

fastfood

Streetfood

eetkraampje

Dzbanek na herbatę

theepot

Cukierniczka

suikerpot

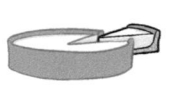

Porcja

portie

Zaparzarka do espresso

espressomachine

Krzesło dla dziecka

kinderstoel

Rachunek

rekening

Taca

dienblad

Noż

mes

Widelec

vork

Łyżka

lepel

Łyżeczka

theelepel

Serwetka

servet

Szklanka

glas

Talerz

bord

Talerz do zupy

soepbord

Podstawek pod filiżankę

schotel

Sos

saus

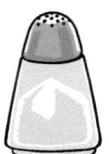

Solniczka

zoutvaatje

Młynek do pieprzu

pepermolen

Ocet

azijn

Olej

olie

Przyprawy

kruiden

Keczup

ketchup

Musztarda

mosterd

Majonez

mayonaise

Supermarket
supermarkt

Oferta
aanbieding
FOR
Klient
klant
Produkty mleczne
zuivelproducten
Owoce
fruit
Wózek sklepowy
winkelwagen

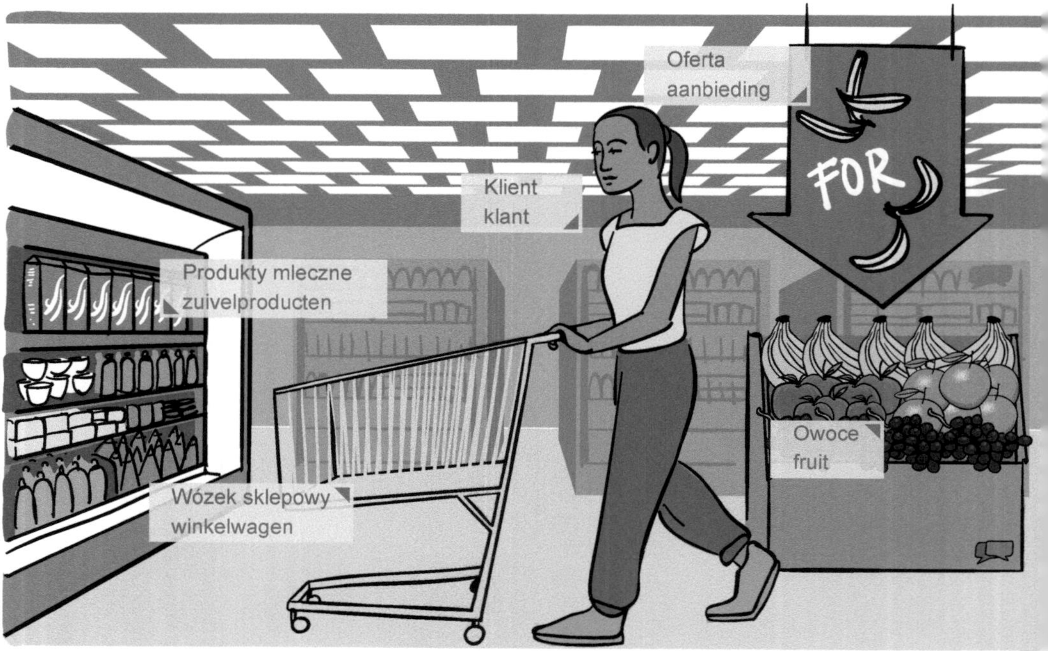

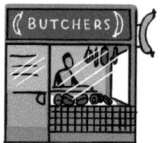

BUTCHERS

Rzeźnia

slager

BAKERY

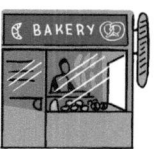

Piekarnia

bakkerij

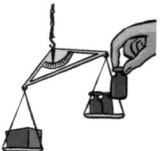

ważyć

wegen

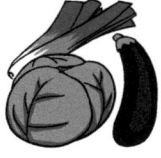

Warzywa

groente

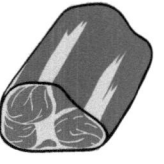

Mięso

vlees

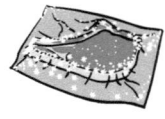

Mrożonki

diepvriesproducten

Wędliny

vleeswaren

Konserwy

conserven

Proszek m do prania

wasmiddel

Słodycze

snoepgoed

Artykuły użytku domowego

huishoudelijke artikelen

Środek czyszczący

schoonmaakmiddel

Sprzedawczyni

verkoopster

Kasa

kassa

Kasjer

kassier

Lista zakupów

boodschappenlijstje

Godziny otwarcia

openingstijden

Portfel

portefeuille

Karta kredytowa

creditkaart

Torba

tas

Torebka plastikowa

plastic zak

Woda

water

Sok

sap

Mleko

melk

Cola

cola

Wino

wijn

Piwo

bier

Alkohol

alcohol

Kakao

chocolademelk

Herbata

thee

Kawa

koffie

Espresso

espresso

Cappuccino

cappuccino

Banan

banaan

Jabłko

appel

Pomarańcza

sinaasappel

Arbuz

watermeloen

Cytryna

citroen

Marchew

wortel

Czosnek

knoflook

Bambus

bamboe

Cebula

ui

Grzyb

paddenstoel

Orzechy

noten

Makaron

pasta

Spaghetti

spaghetti

Ryż

rijst

Sałatka

salade

Frytki

friet

Ziemniaki pieczone

gebakken aardappelen

Pizza

pizza

Hamburger

hamburger

Kanapka

sandwich

Sznycel

schnitzel

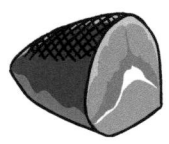

Szynka

ham

Salami

salami

Kiełbasa

worst

Kura

kip

Pieczeń

gebraad

Ryba

vis

Płatki owsiane

havermout

Musli

muesli

Płatki kukurydziane

cornflakes

Mąka

meel

Croissant

croissant

Bułka

broodjes

Chleb

brood

Toast

toast

Ciastka

koekjes

Masło

boter

Twarożek

kwark

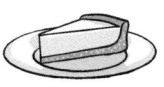

Ciasto

taart

Jajko

ei

Jajko sadzone

gebakken ei

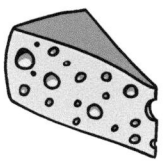

Ser

kaas

Lody

ijs

Cukier

suiker

Miód

honing

Marmolada

jam

Krem nugatowy

chocoladepasta

Curry

kerrie

Gospodarstwo chłopskie
boerderij

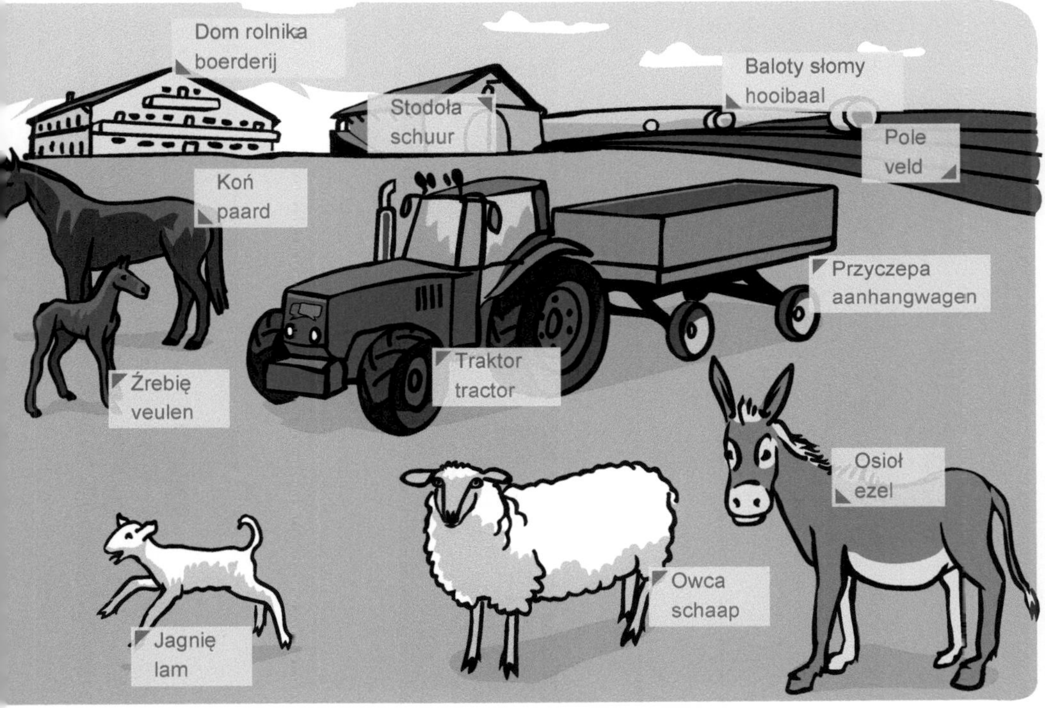

Dom rolnika
boerderij
Stodoła
schuur
Baloty słomy
hooibaal
Pole
veld
Koń
paard
Przyczepa
aanhangwagen
Źrebię
veulen
Traktor
tractor
Osioł
ezel
Owca
schaap
Jagnię
lam

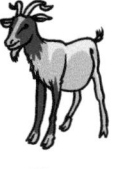

Koza

geit

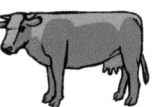

Krowa

koe

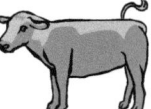

Cielę

kalf

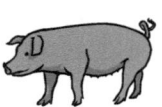

Świnia

varken

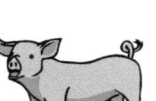

Prosię

big

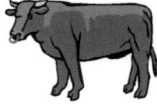

Byk

stier

Gęś

gans

Kaczka

eend

Kurczątko

kuiken

Kura

kip

Kogut

haan

Szczur

rat

Kot

kat

Mysz

muis

Osioł

os

Pies

hond

Buda dla psa

hondenhok

Wąż ogrodowy

tuinslang

Konewka

gieter

Kosa

zeis

Pług

ploeg

Sierp

sikkel

Graca

schoffel

Widły

hooivork

Siekiera

bijl

Taczka

kruiwagen

Koryto

trog

Kanka na mleko

melkbus

Worek

zak

Płot

hek

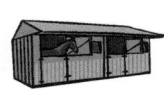

Stajnia

stal

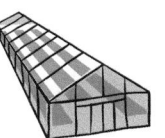

Szklarnia

broeikas

Ziemia

grond

Nasiona

zaad

Nawóz

mest

Kombajn zbożowy

maaidorser

zbierać

oogsten

Żniwa

oogst

Podchrzyn

yam

Pszenica

tarwe

Soja

soja

Ziemniak

aardappel

Kukurydza

maïs

Rzepak

koolzaad

Drzewo owocowe

fruitboom

Maniok

maniok

Zboże

granen

Dom
huis

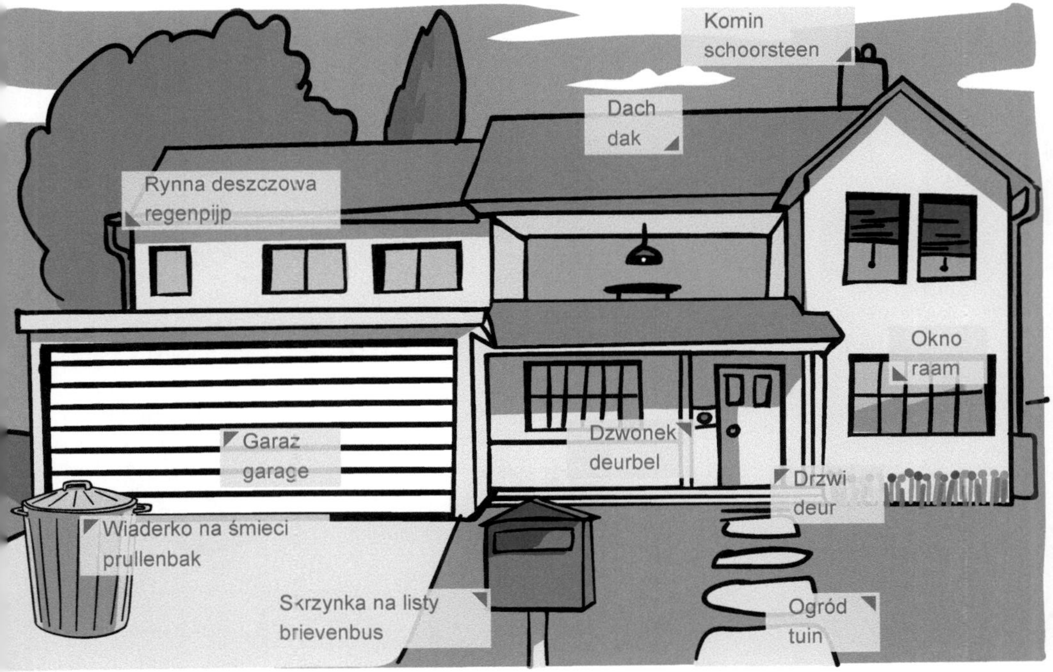
Komin
schoorsteen
Dach
dak
Rynna deszczowa
regenpijp
Okno
raam
Garaż
garage
Dzwonek
deurbel
Drzwi
deur
Wiaderko na śmieci
prullenbak
Skrzynka na listy
brievenbus
Ogród
tuin

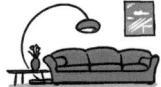

Pokój dzienny

woonkamer

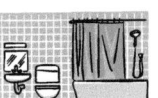

Łazienka

badkamer

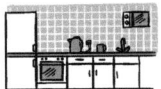

Kuchnia

keuken

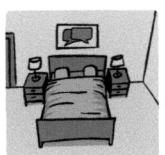

Sypialnia

slaapkamer

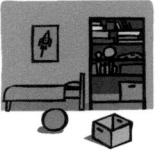

Pokój dziecięcy

kinderkamer

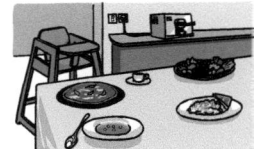

Jadalnia

eetkamer

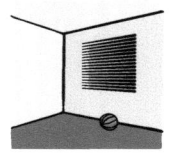

Ziemia

vloer

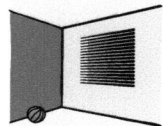

Ściana

muur

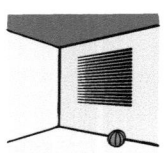

Koc

plafond

Piwnica

kelder

Sauna

sauna

Balkon

balkon

Taras

terras

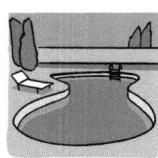

Basen

zwembad

Kosiarka do trawy

grasmaaier

Poszwa

laken

Kołdra

bedsprei

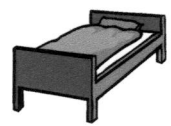

Łóżko

bed

Miotła

bezem

Wiadro

emmer

Włącznik

schakelaar

Pokój dzienny

woonkamer

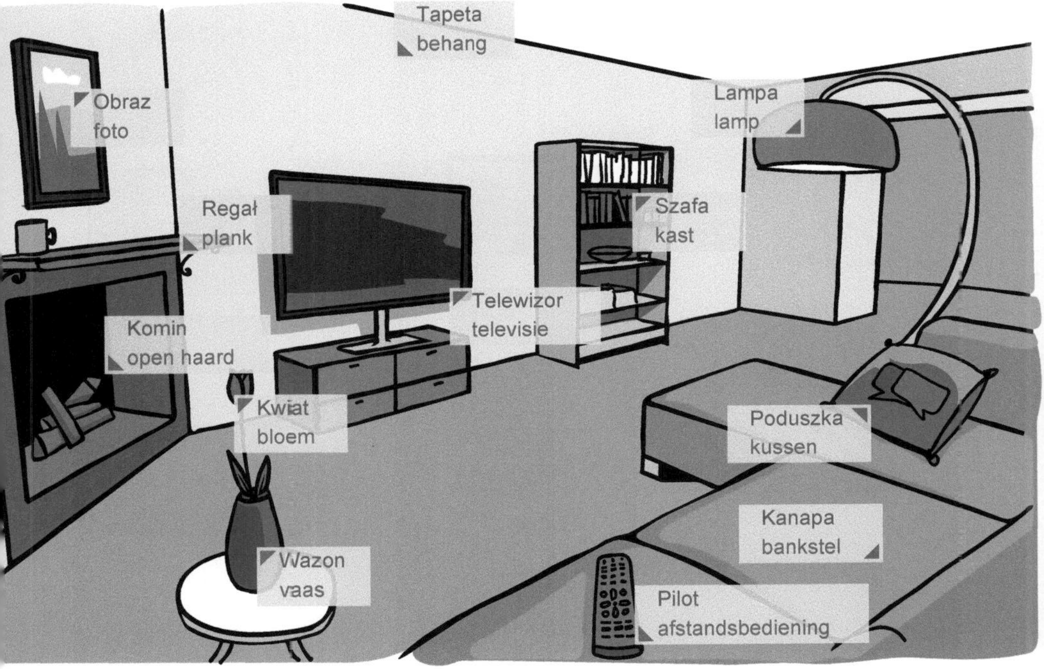
Tapeta
behang
Obraz
foto
Lampa
lamp
Regał
plank
Szafa
kast
Telewizor
televisie
Komin
open haard
Kwiat
bloem
Poduszka
kussen
Kanapa
bankstel
Wazon
vaas
Pilot
afstandsbediening

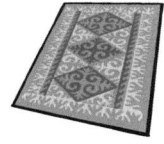

Dywan

tapijt

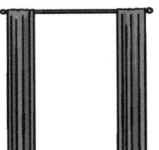

Zasłona

gordijn

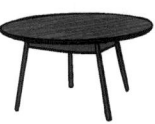

Stół

tafel

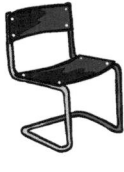

Krzesło

stoel

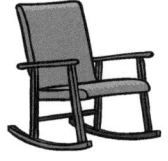

Bujak

schommelstoel

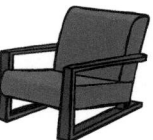

Fotel

stoel

Książka

boek

Sufit

deken

Dekoracja

decoratie

Drewno kominkowe

brandhout

Film

film

Instalacja stereo

stereo-installatie

Klucz

sleutel

Gazeta

krant

Malunek

schilderij

Plakat

poster

Radio

radio

Notatnik

kladblok

Odkurzacz

stofzuiger

Kaktus

cactus

Świeczka

kaars

Kuchnia
keuken

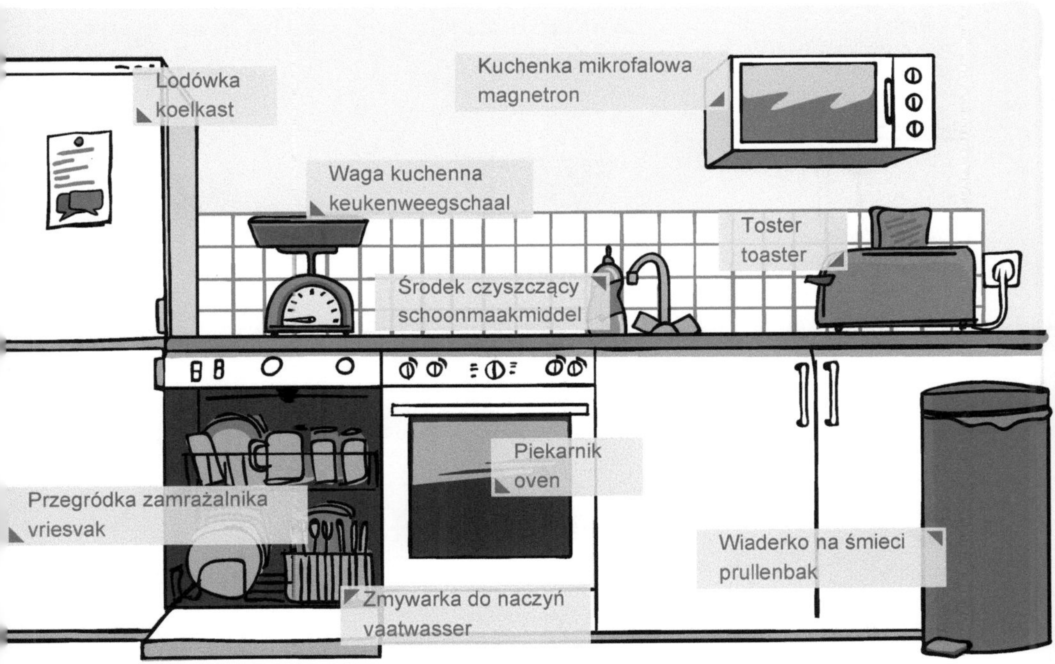
Lodówka
koelkast
Kuchenka mikrofalowa
magnetron
Waga kuchenna
keukenweegschaal
Toster
toaster
Środek czyszczący
schoonmaakmiddel
Piekarnik
oven
Przegródka zamrażalnika
vriesvak
Wiaderko na śmieci
prullenbak
Zmywarka do naczyń
vaatwasser

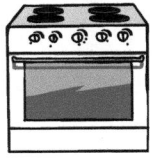

Kuchenka
fornuis

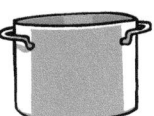

Garnek
pan

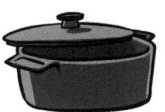

Kocioł żeliwny
gietijzeren pan

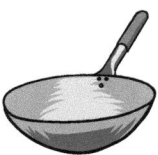

Wok / Kadai
wok / kadai

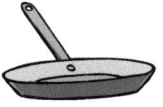

Patelnia
koekenpan

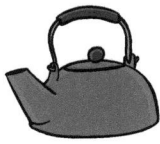

Czajnik
ketel

Parowar

stoomkoker

Blacha do pieczenia

bakplaat

Naczynia kuchenne

servies

Kubek

beker

Miska

kom

Pałeczki

eetstokjes

Nabierka

soeplepel

Łopatka do smażenia

spatel

Trzepaczka do śmietany

garde

Cedzak

vergiet

Sitko

zeef

Tarka

rasp

Moździerz

vijzel

Grillowanie

barbecue

Palenisko

vuurhaard

Kuchnia - keuken

Deska

snijplank

Wałek do ciasta

deegroller

Korkociąg

kurkentrekker

Puszka

blik

Otwieracz do puszek

blikopener

Ściereczka do trzymania garnka

pannenlap

Umywalka

wasbak

Szczotka

borstel

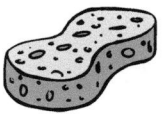

Gąbka

spons

Mikser

blender

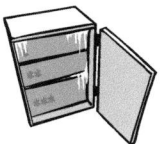

Zamrażarka

vriezer

Butelka dla niemowlęcia

babyflesje

Kran

kraan

Łazienka
badkamer

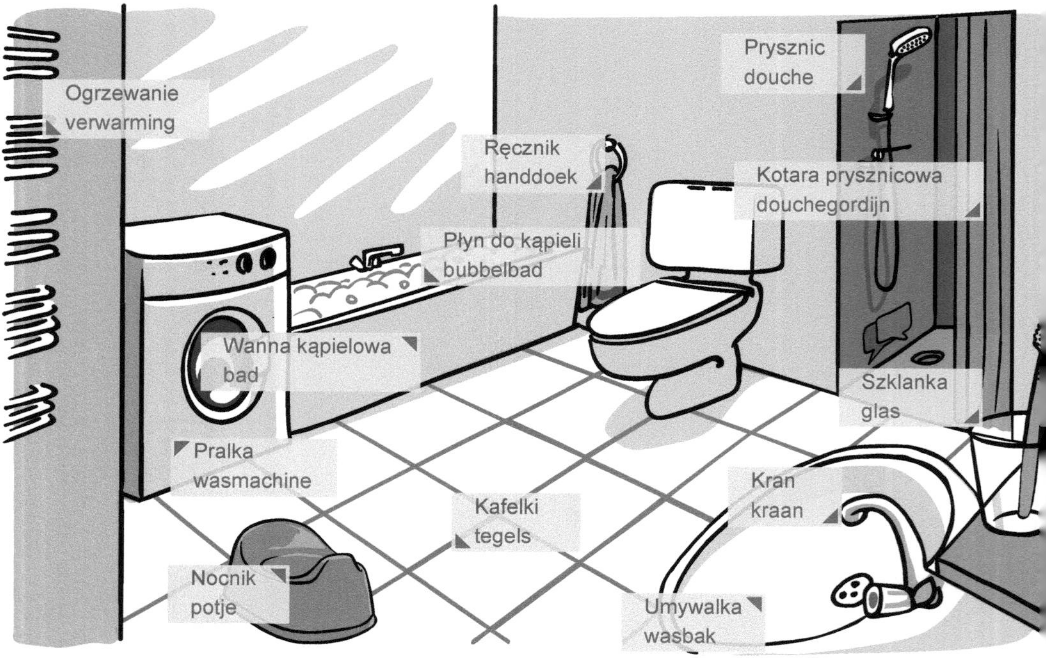

Prysznic
douche
Ogrzewanie
verwarming
Ręcznik
handdoek
Kotara prysznicowa
douchegordijn
Płyn do kąpieli
bubbelbad
Wanna kąpielowa
bad
Szklanka
glas
Pralka
wasmachine
Kran
kraan
Kafelki
tegels
Nocnik
potje
Umywalka
wasbak

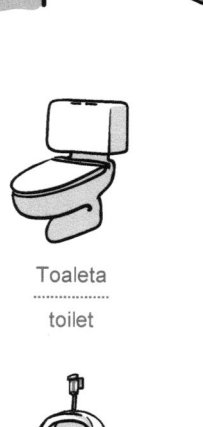

Toaleta
toilet

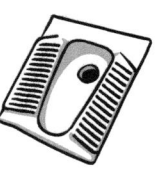

Toaleta kuczna
hurktoilet

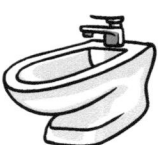

Bidet
bidet

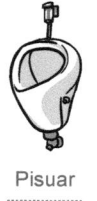

Pisuar
urinoir

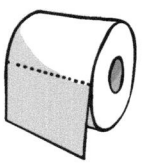

Papier toaletowy
toiletpapier

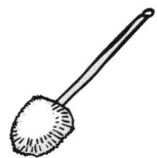

Szczotka toaletowa
toiletborstel

Szczoteczka do zębów

tandenborstel

Pasta do zębów

tandpasta

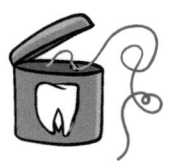

Nitki do czyszczenia zębów

flosdraad

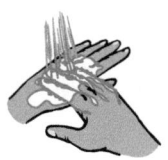

myć

wassen

Głowica prysznicowa

handdouche

Płyn kąpielowy do higieny intymnej

toiletdouche

Miska do mycia

waskom

Szczotka kąpielowa

rugborstel

Mydło

zeep

Żel prysznicowy

douchegel

Szampon

shampoo

Rękawica kąpielowa

washanje

Odpływ

afvoer

Krem

creme

Dezodorant

deodorant

Lustro	Lustro kosmetyczne	Golarka
spiegel	make-upspiegel	scheermes

Pianka do golenia	Woda po goleniu	Grzebień
scheerschuim	aftershave	kam

Szczotka	Suszarka do włosów	Spray do włosów
borstel	haardroger	haarspray

Makijaż	Pomadka	Lakier do paznokci
make-up	lippenstift	nagellak

Wata	Nożyczki do paznokci	Perfum
watten	nagelschaartje	parfum

Kosmetyczka

toilettas

Taboret

kruk

Waga

weegschaal

Szlafrok kąpielowy

badjas

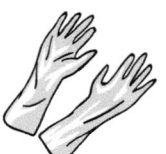

Rękawice gumowe

rubber handschoenen

Tampon

tampon

Podpaska damska

maandverband

Toaleta chemiczna

chemisch toilet

Pokój dziecięcy
kinderkamer

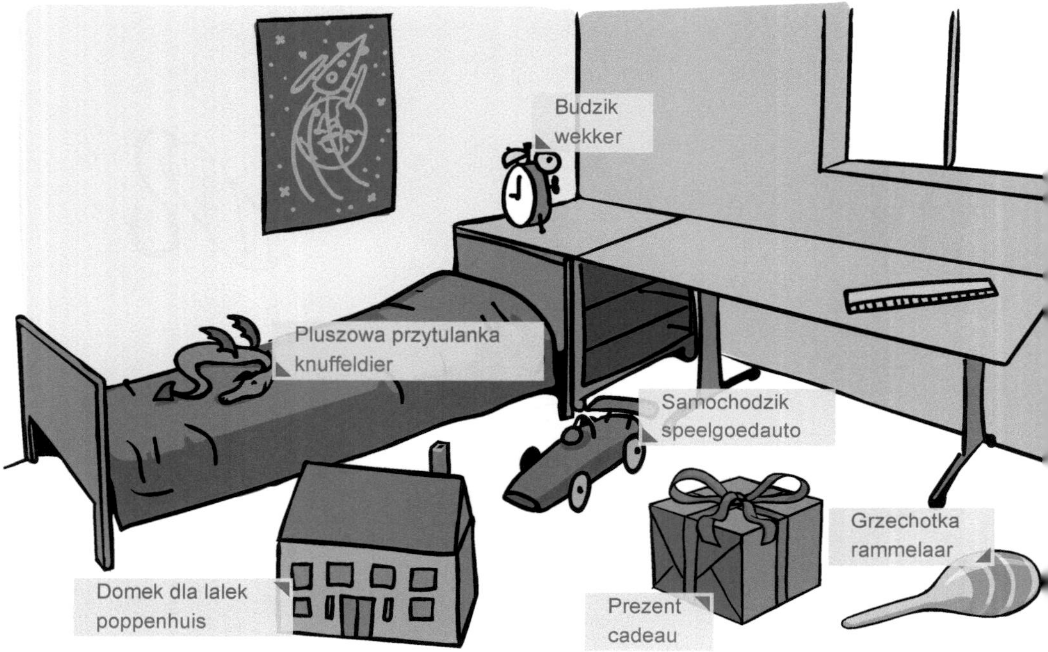

Budzik
wekker
Pluszowa przytulanka
knuffeldier
Samochodzik
speelgoedauto
Grzechotka
rammelaar
Domek dla lalek
poppenhuis
Prezent
cadeau

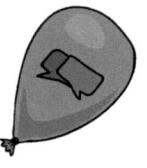

Balon
ballon

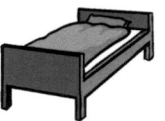

Łóżko
bed

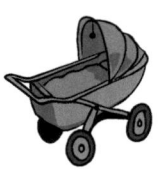

Wózek dziecięcy
kinderwagen

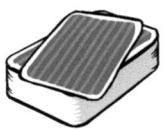

Gra w karty
kaartspel

Puzzle
puzzel

SUPER
MEGA

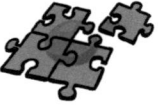

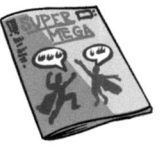

Komiks
stripverhaal

Klocki lego

legostenen

Klocki

speelgoedblokken

Action figura

actiefiguurtje

Śpioszek dziecięcy

romper

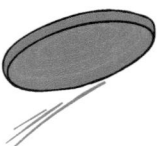

Frisbee

frisbee

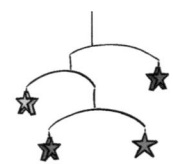

Zabawki ruchome

mobile

Gra planszowa

bordspel

Kości

dobbelsteen

Kolejka elektryczna

modeltrein

Smoczek

speen

Przyjęcie

feestje

Książka z ilustracjami

prentenboek

Piłka

bal

Lalka

pop

bawić się

spelen

Piaskownica

zandbak

Huśtawka

schommel

Zabawki

speelgoed

Konsola do gier

spelcomputer

Rowerek trójkołowy

driewieler

Pluszowy miś

teddybeer

Szafa ubraniowa

kleerkast

Ubiór
kleding

Skarpety

sokken

Pończochy

kousen

Rajstopy

panty

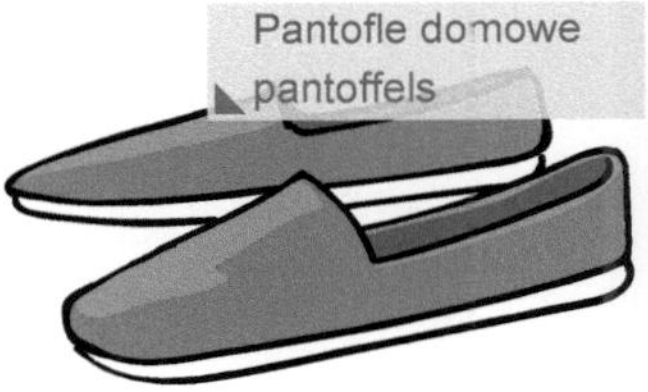

Szal
sjaal

Parasol
paraplu

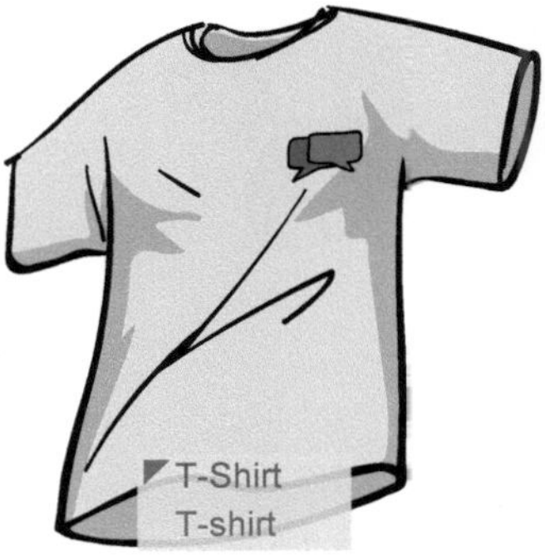

Pasek
riem

T-Shirt
T-shirt

Kozaki
laarzen

Pantofle domowe
pantoffels

Obuwie sportowe
sportschoenen

Sandały
sandalen

Buty
schoenen

Kalosze
rubberlaarzen

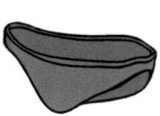

Majtki
onderbroek

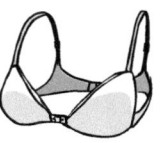

Biustonosz
beha

Podkoszulek
onderhemd

Body

body

Spodnie

broek

Dżins

spijkerbroek

Spódnica

rok

Bluzka

blouse

Koszula

overhemd

Pulower

trui

Bluza sportowa

hoody

Marynarka

blazer

Kurtka

jas

Płaszcz

mantel

Płaszcz przeciwdeszczowy

regenjas

Kostium

kostuum

Sukienka

jurk

Suknia ślubna

trouwjurk

Garnitur męski

pak

Koszula nocna

nachthemd

Piżama

pyjama

Sari

sari

Chusta na głowę

hoofddoek

Turban

tulband

Burka

boerka

Kaftan

kaftan

Abaya

abaja

Strój kąpielowy

zwempak

Kąpielówki

zwembroek

Krótkie spodnie

korte broek

Dres sportowy

trainingspak

Fartuch

schort

Rękawiczki

handschoenen

Guzik

knoop

Okulary

bril

Bransoletka

armband

Łańcuszek

ketting

Pierścionek

ring

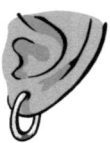

Kolczyk

oorbel

Czapka

pet

Wieszak

kledinghanger

Kapelusz

hoed

Krawat

stropdas

Zamek błyskawiczny

rits

Kask

helm

Szelki

bretels

Mundurek szkolny

schooluniform

Mundur

uniform

Śliniaczek

slabbetje

Smoczek

speen

Pieluszka

luier

Biuro
kantoor

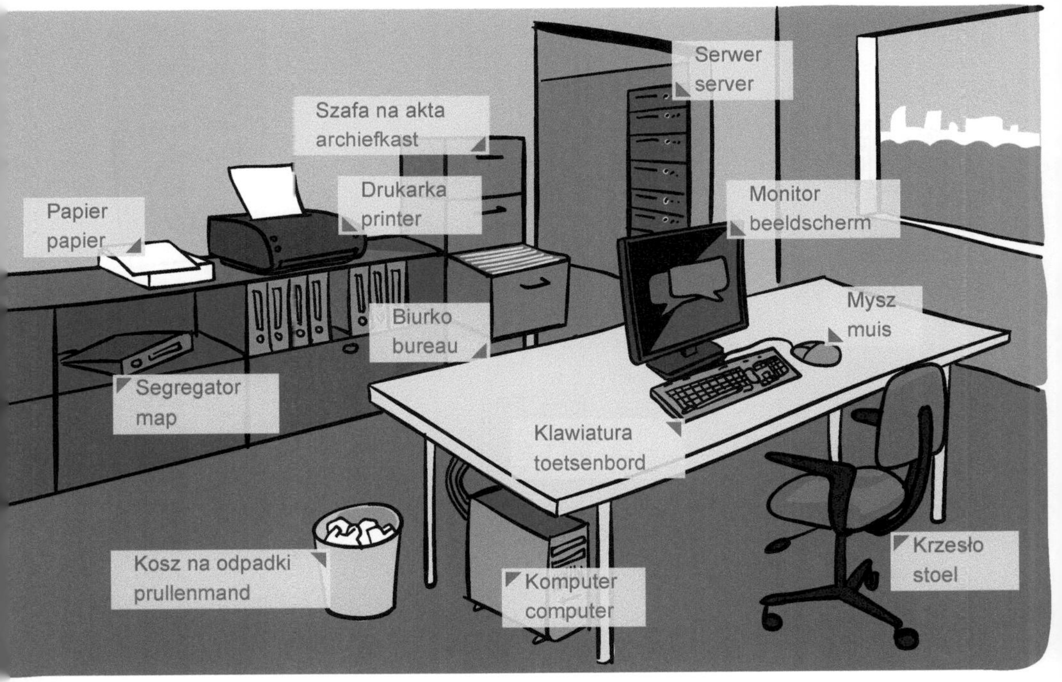

Serwer
server

Szafa na akta
archiefkast

Drukarka
printer

Monitor
beeldscherm

Papier
papier

Mysz
muis

Biurko
bureau

Segregator
map

Klawiatura
toetsenbord

Kosz na odpadki
prullenmand

Komputer
computer

Krzesło
stoel

Filiżanka do kawy

koffiemok

Kalkulator

rekenmachine

Internet

internet

	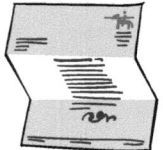	
Laptop	List	Wiadomość
laptop	brief	bericht

Komórka	Sieć	Kopiarka
mobiele telefoon	netwerk	kopieermachine

Oprogramowanie	Telefon	Gniazdko
software	telefoon	stopcontact
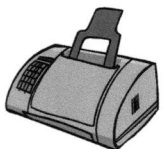	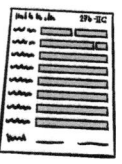	
Faks	Formularz	Dokument
fax	formulier	document

kupić
....
kopen

płacić
....
betalen

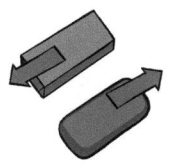

postępować
....
handel drijven

Pieniądze
....
geld

Dolar
....
dollar

Euro
....
euro

Jen
....
yen

Rubel
....
roebel

Frank
....
Zwitserse frank

Juan Renminbi
....
renminbi yuan

Rupia
....
roepie

Bankomat
....
geldautomaat

Kantor wymiany walut

wisselkantoor

Złoto

goud

Srebro

zilver

Olej

olie

Energia

energie

Cena

prijs

Umowa

contract

Podatek

belasting

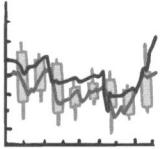

Akcja

aandeel

pracować

werken

Pracownik umysłowy

werknemer

Pracodawca

werkgever

Fabryka

fabriek

Sklep

winkel

Zawody
beroepen

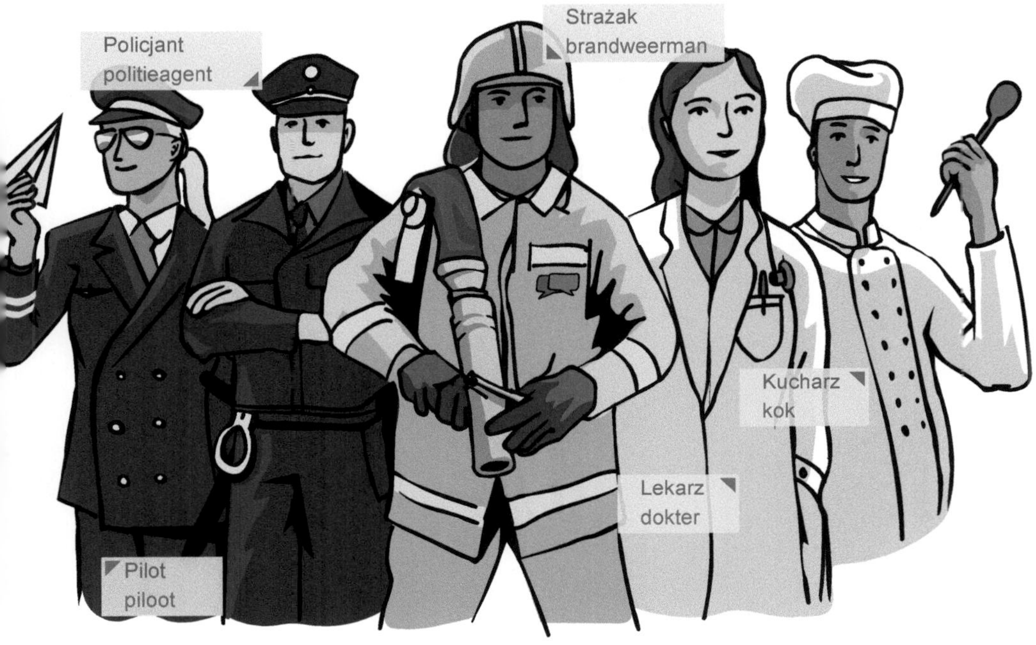
Policjant
politieagent
Strażak
brandweerman
Kucharz
kok
Lekarz
dokter
Pilot
piloot

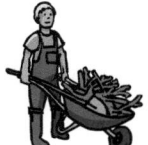

Ogrodnik

tuinman

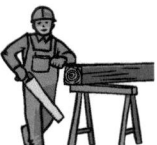

Stolarz

timmerman

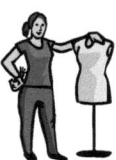

Krawcowa

naaister

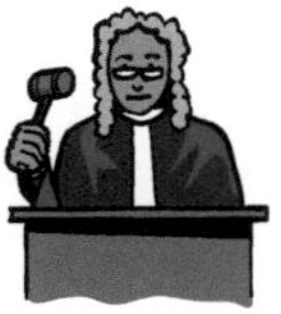

Sędzia

rechter

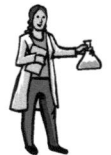

Chemik

scheikundige

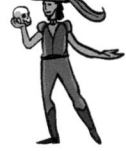

Aktor

toneelspeler

Kierowca autobusu

buschauffeur

Taksówkarz

taxichauffeur

Fischer

visser

Sprzątaczka

schoonmaakster

Dekarz

dakdekker

Kelner

ober

Myśliwy

jager

Malarz

schilder

Piekarz

bakker

Elektryk

elektricien

Robotnik budowlany

bouwvakker

Inżynier

ingenieur

Rzeźnik

slager

Instalator

loodgieter

Listonosz

postbode

Żołnierz

soldaat

Architekt

architect

Kasjer

kassier

Florysta

bloemist

Fryzjer

kapper

Konduktor

conducteur

Mechanik

monteur

Kapitan

kapitein

Dentysta

tandarts

Naukowiec

wetenschapper

Rabin

rabbi

Imam

imam

Mnich

monnik

Proboszcz

pastoor

Narzędzia
gereedschap

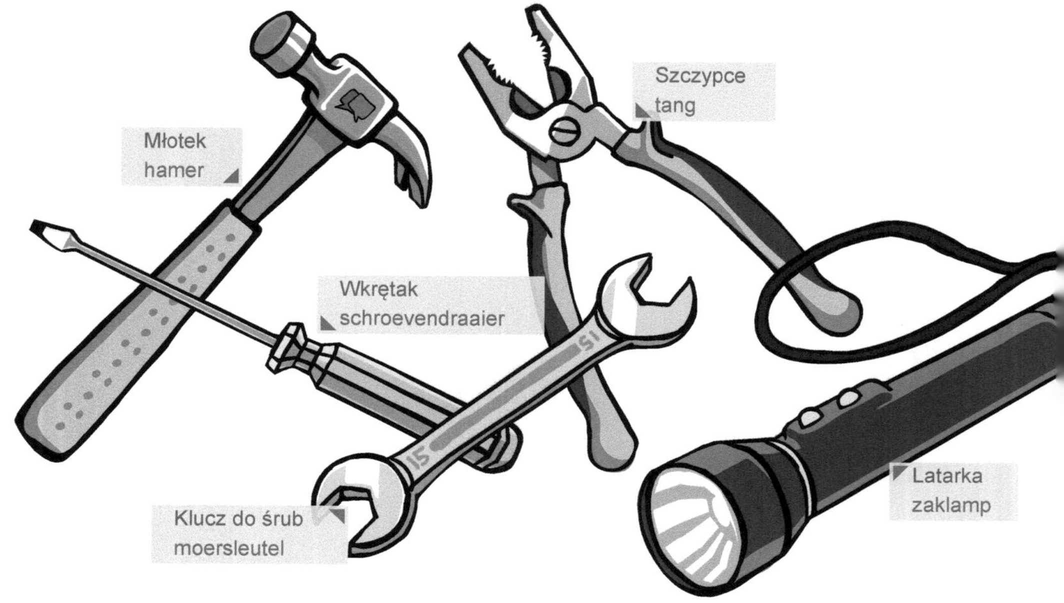

Młotek
hamer
Szczypce
tang
Wkrętak
schroevendraaier
Klucz do śrub
moersleutel
Latarka
zaklamp

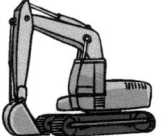

Koparka

graafmachine

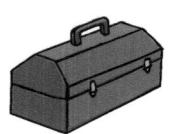

Skrzynka narzędziowa

gereedschapskist

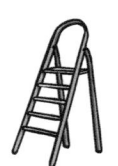

Drabina

ladder

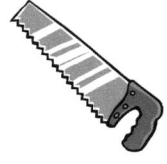

Piła

zaag

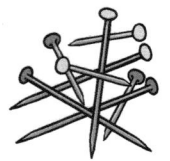

Gwoździe

spijkers

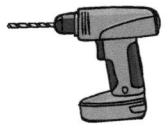

Wiertło

boor

naprawić

repareren

Łopatka

schep

Cholera!

Verdorie!

Szufelka

stofblik

Puszka z farbą

verfpot

Śruby

schroeven

Instrumenty muzyczne
muziekinstrumenten

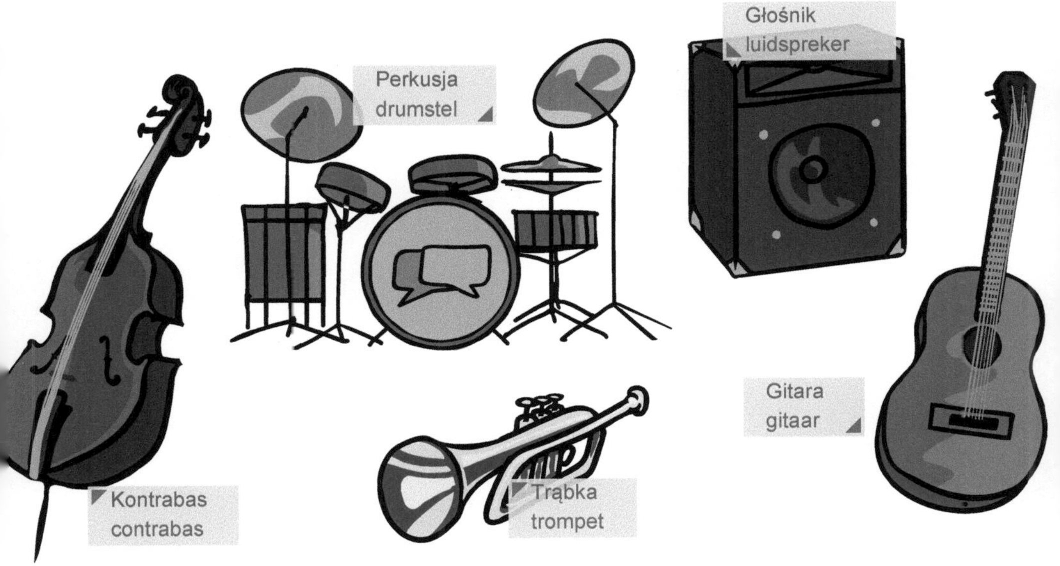

Głośnik
luidspreker

Perkusja
drumstel

Kontrabas
contrabas

Trąbka
trompet

Gitara
gitaar

Pianino

piano

Skrzypce

viool

Bas

bas

Kotły

pauk

Bęben

trommel

Keyboard

keyboard

Saksofon

saxofoon

Flet

fluit

Mikrofon

microfoon

Zoo
dierentuin

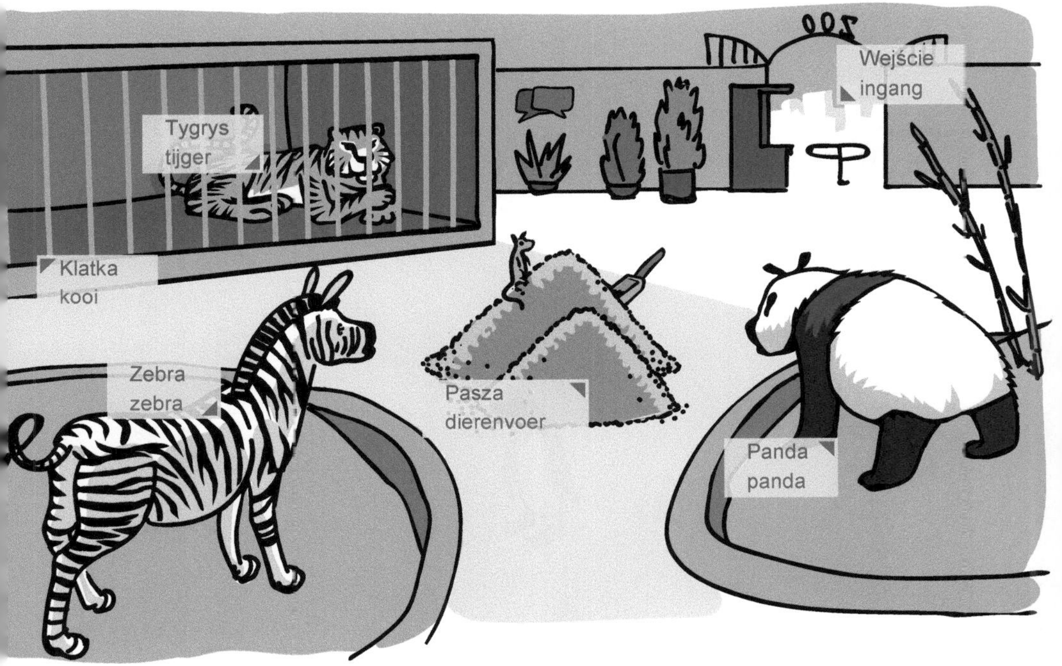
Tygrys
tijger
Klatka
kooi
Zebra
zebra
Pasza
dierenvoer
Wejście
ingang
Panda
panda

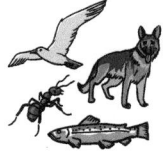

Zwierzęta
dieren

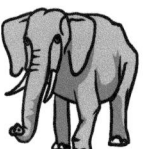

Słoń
olifant

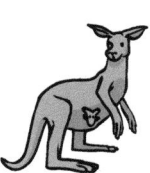

Kangur
kangoeroe

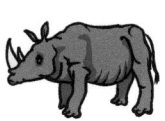

Nosorożec
neushoorn

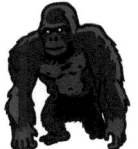

Goryl
gorilla

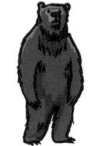

Niedźwiedź
beer

Wielbłąd

kameel

Struś

struisvogel

Lew

leeuw

Małpa

aap

Fleming

flamingo

Papuga

papegaai

Niedźwiedź polarny

ijsbeer

Pingwin

pinguïn

Rekin

haai

Paw

pauw

Wąż

slang

Krokodyl

krokodil

Dozorca w zoo

dierenverzorger

Foka

zeehond

Jaguar

jaguar

Zoo - dierentuin

Kucyk

pony

Gepard

luipaard

Hipopotam

nijlpaard

Żyrafa

giraffe

Orzeł

adelaar

Dzik

wild zwijn

Ryba

vis

Żółw

schildpad

Mors

walrus

Lis

vos

Gazela

gazelle

Futbol amerykański
American football

Kolarstwo
wielrennen

Tenis
tennis

Koszykówka
basketbal

Pływanie
zwemmen

Boks
boksen

Hokej na lodzie
ijshockey

Piłka nożna
voetbal

Badminton
badminton

Lekka atletyka
atletiek

Piłka ręczna
handbal

Narciarstwo
skiën

Polo
polo

Działania
activiteiten

skakać
springen
objąć
knuffelen
śmiać się
lachen
iść
lopen
śpiewać
zingen
marzyć
dromen
modlić się
bidden
całować
kussen

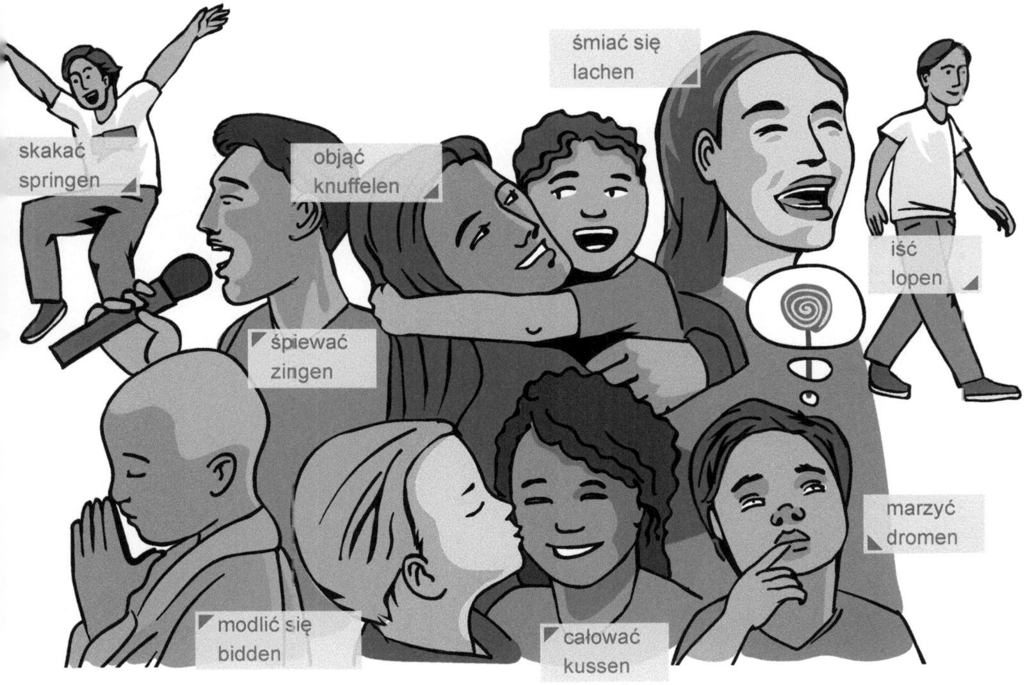

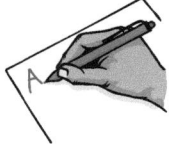

pisać
schrijven

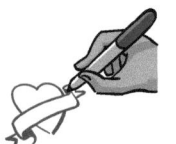

rysować
tekenen

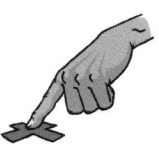

pokazywać
tonen

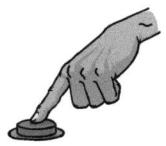

nacisnąć
duwen

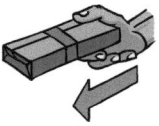

dać
geven

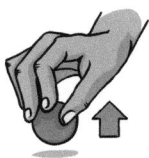

wziąć
oppakken

mieć
hebben

robić
doen

być
zijn

stać
staan

biegać
rennen

ciągnąć
trekken

rzucać
gooien

spaść
vallen

leżeć
liggen

czekać
wachten

nosić
dragen

siedzieć
zitten

zakładać
aankleden

spać
slapen

budzić się
wakker worden

spojrzeć

bekijken

płakać

huilen

głaskać

strelen

czesać się

kammen

mówić

praten

rozumieć

begrijpen

pytać

vragen

słyszeć

horen

pić

drinken

jeść

eten

sprzątać

opruimen

kochać

houden van

gotować

koken

jechać

rijden

latać

vliegen

żeglować

zeilen

liczyć

rekenen

czytać

lezen

uczyć się

leren

pracować

werken

wejść w związek małżeński

trouwen

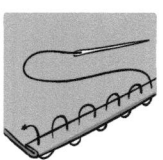

szyć

naaien

myć zęby

tandenpoetsen

zabić

doden

palić tytoń

roken

wysłać

verzenden

Rodzina
familie

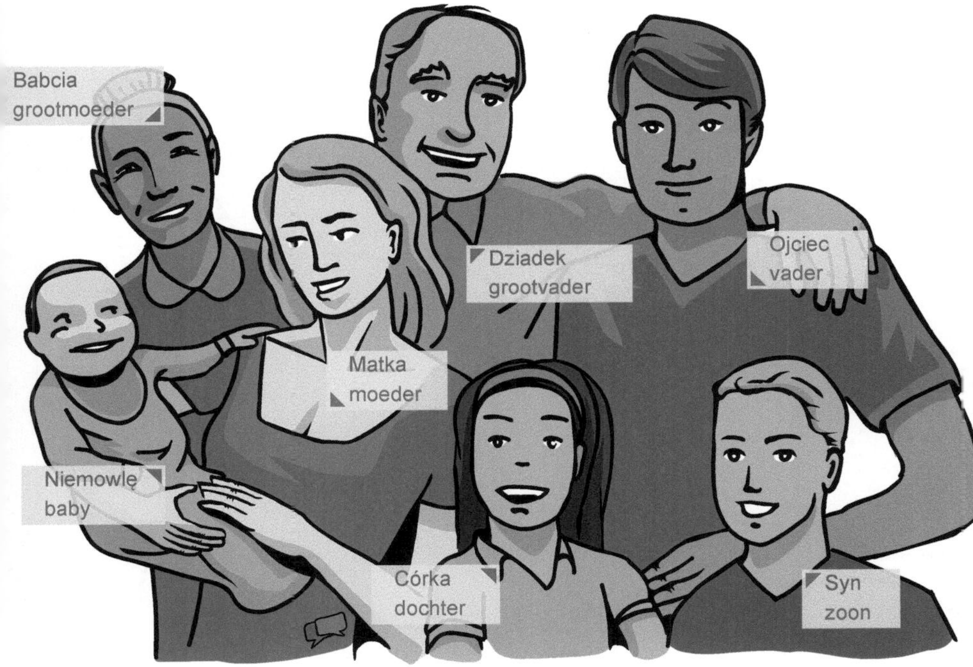
Babcia
grootmoeder
Dziadek
grootvader
Ojciec
vader
Matka
moeder
Niemowlę
baby
Córka
dochter
Syn
zoon

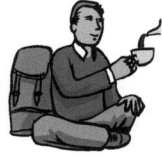

Gość
gast

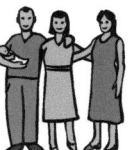

Ciotka
tante

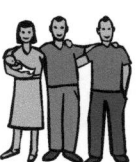

Wujek
oom

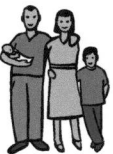

Brat
broer

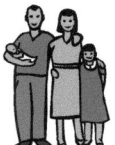

Siostra
zus

Ciało
lichaam

Czoło
voorhoofd
Oko
oog
Ramię
schouder
Palec
vinger
Twarz
gezicht
Broda
kin
Ręka
hand
Pierś
borst
Noga
been
Ramię
arm

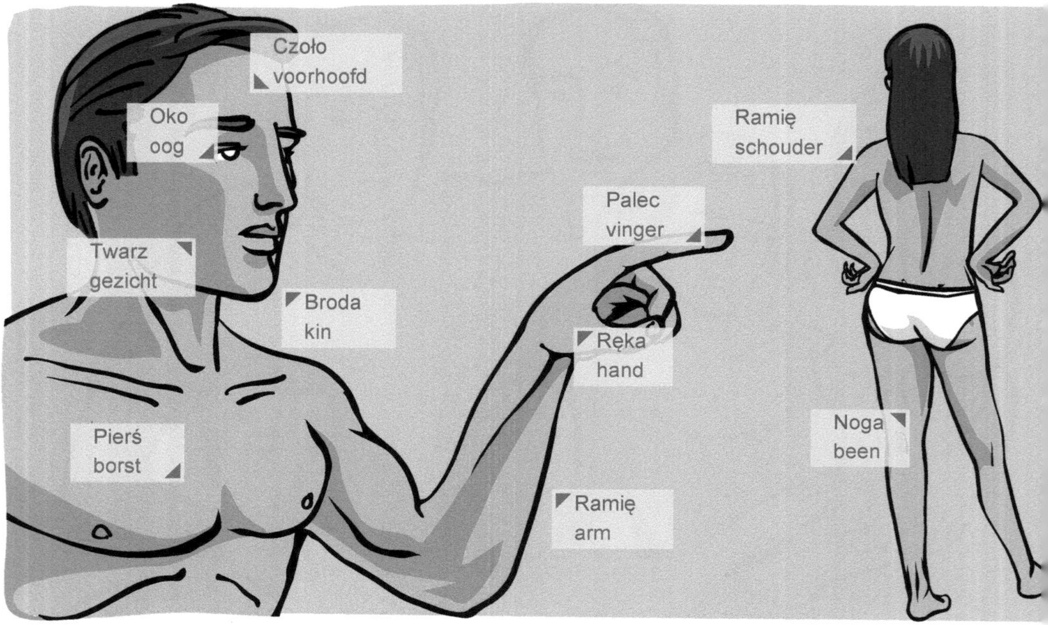

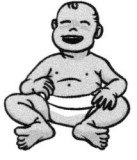

Niemowlę
baby

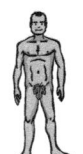

Mężczyzna
man

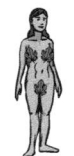

Kobieta
vrouw

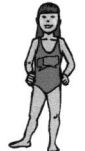

Dziewczyna
meisje

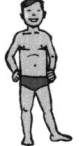

Chłopiec
jongen

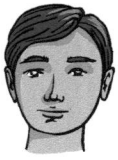

Głowa
hoofd

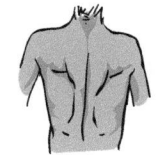

Plecy

rug

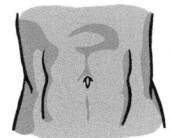

Brzuch

buik

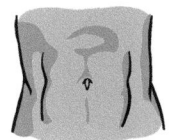

Pępek

navel

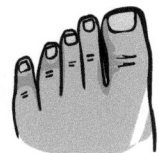

palec nogi

teen

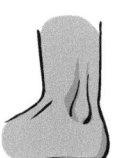

Pięta

hiel

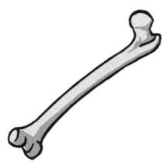

Kość

bot

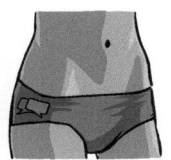

Biodro

heup

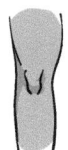

Kolano

knie

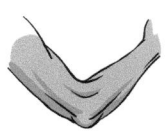

Łokieć

elleboog

Nos

neus

Pośladki

achterwerk

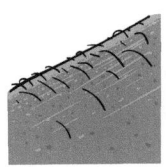

Skóra

huid

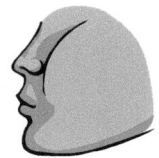

Policzek

wang

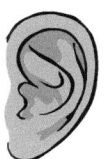

Uszy

oor

Warga

lippen

Ciało - lichaam

Usta

mond

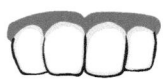

Ząb

tand

Język

tong

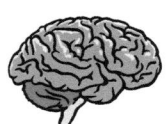

Mózg

hersenen

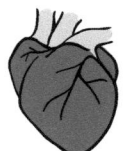

Serce

hart

Mięsień

spier

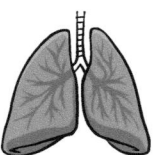

Płuca

long

Wątroba

lever

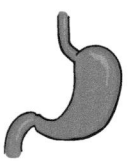

Żołądek

maag

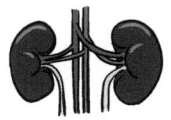

Nerki

nieren

Stosunek płciowy

geslachtsgemeenschap

Kondom

condoom

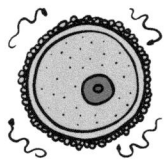

Komórka jajowa

eicel

Sperma

sperma

Ciąża

zwangerschap

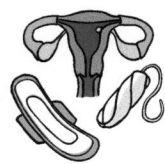

Menstruacja

menstruatie

Wagina

vagina

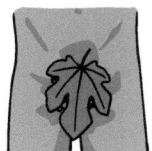

Penis

penis

Brew

wenkbrauw

Włosy

haar

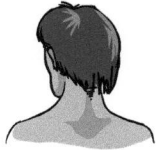

Szyja

hals

Szpital
ziekenhuis

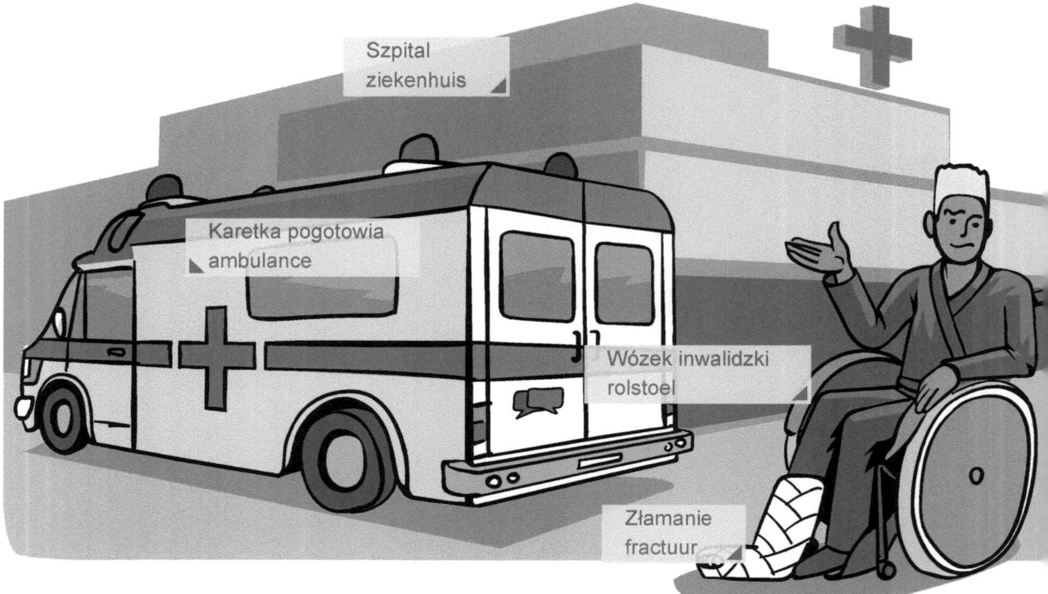

Szpital
ziekenhuis
Karetka pogotowia
ambulance
Wózek inwalidzki
rolstoel
Złamanie
fractuur

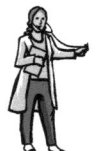

Lekarz

dokter

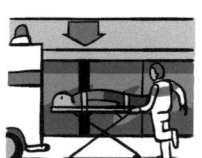

Izba przyjęć

EHBO

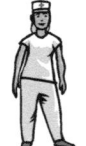

Pielęgniarka

verpleegster

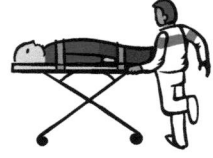

Nagły przypadek

noodgeval

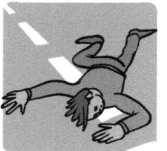

nieprzytomny

bewusteloos

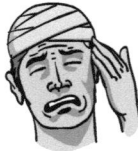

Ból

pijn

Skaleczenie

verwonding

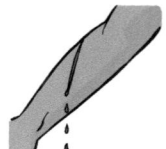

Krwawienie

bloeding

Zawał serca

hartaanval

Udar mózgu

beroerte

Alergia

allergie

Kaszleć

hoest

Gorączka

koorts

Grypa

griep

Biegunka

diarree

Ból głowy

hoofdpijn

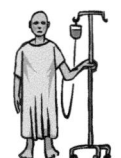

Rak

kanker

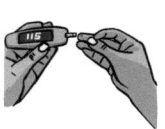

Cukrzyca

diabetes

Chirurg

chirurg

Skalpel

scalpel

Operacja

operatie

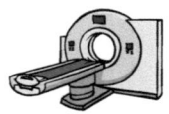

CT
CT

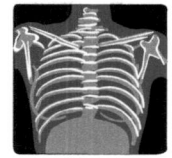

Rentgen
röntgen

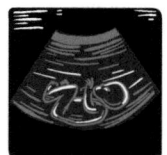

Ultradźwięki
echografie

Maska
gezichtsmasker

Choroba
ziekte

Poczekalnia
wachtkamer

Kula
kruk

Plaster
pleister

Opatrunek
verband

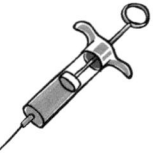

Iniekcja
injectie

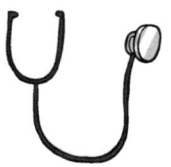

Stetoskop
stethoscoop

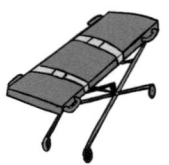

Nosze
brancard

Termometr
thermometer

Poród
geboorte

Nadwaga
overgewicht

Aparat słuchowy

gehoorapparaat

Środek dezynfekcyjny

ontsmettingsmiddel

Infekcja

infectie

Wirus

virus

HIV / AIDS

HIV / AIDS

Medycyna

medicijn

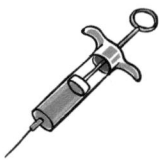

Szczepienie

inenting

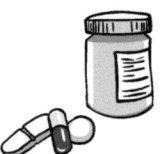

Tabletki

tabletten

Pigułka

pil

Telefon ratunkowy

alarmnummer

Ciśnieniomierz krwi

bloeddrukmeter

chory / zdrowy

ziek / gezond

Pomocy!

Help!

Alarm

alarm

Napad

overval

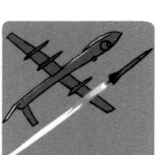

Atak

aanval

Niebezpieczeństwo

gevaar

Wyjście awaryjne

nooduitgang

Pożar!

Brand!

Gaśnica

brandblusser

Wypadek

ongeluk

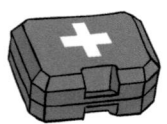

Walizeczka pierwszej pomocy
EHBO-koffer

SOS

SOS

Policja

politie

Europa

Europa

Ameryka Północna

Noord-Amerika

Ameryka Południowa

Zuid-Amerika

Afryka

Afrika

Azja

Azië

Australia

Australië

Atlantyk

Atlantische Oceaan

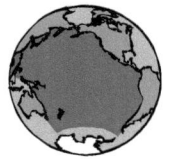

Pacyfik

Stille Oceaan

Ocean Indyjski

Indische Oceaan

Ocean Antarktyczny

Zuidelijke Oceaan

Ocean Arktyczny

Noordelijke IJszee

Biegun północny

Noordpool

Biegun południowy

Zuidpool

Antarktyda

Antarctica

Ziemia

aarde

Kraj

land

Morze

zee

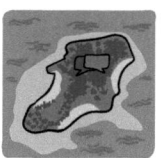

Wyspa

eiland

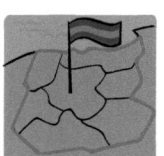

Naród

natie

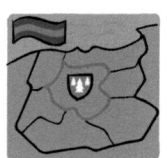

Państwo

staat

Cyferblat

wijzerplaat

Wskazówka godzinowa

uurwijzer

Wskazówka minutowa

minutenwijzer

Wskazówka sekundowa

secondewijzer

Która godzina?

Hoe laat is het?

Dzień

dag

Czas

tijd

teraz

nu

Zegarek digitalny

digitaal horloge

Minuta

minuut

Godzina

uur

Tydzień
week

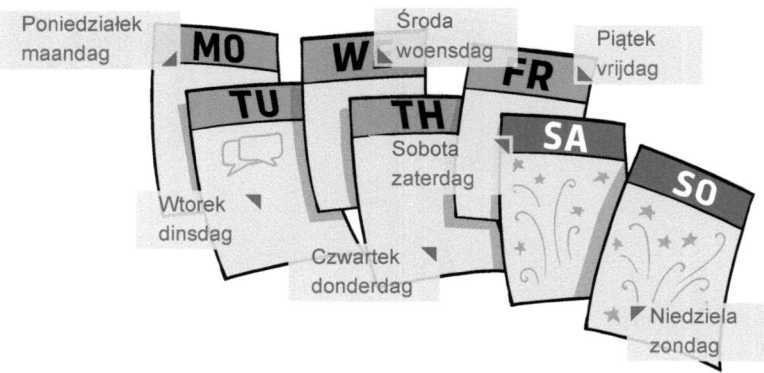

Poniedziałek
maandag

Środa
woensdag

Piątek
vrijdag

Wtorek
dinsdag

Sobota
zaterdag

Czwartek
donderdag

Niedziela
zondag

wczoraj

gisteren

dzisiaj

vandaag

jutro

morgen

Rano

ochtend

Południe

middag

Wieczór

avond

MO	TU	WE	TH	FR	SA	SU
1	2	3	4	5	6	7
8	9	10	11	12	13	14
15	16	17	18	19	20	21
22	23	24	25	26	27	28
29	30	31	1	2	3	4

Dni robocze

werkdagen

MO	TU	WE	TH	FR	SA	SU
1	2	3	4	5	6	7
8	9	10	11	12	13	14
15	16	17	18	19	20	21
22	23	24	25	26	27	28
29	30	31	1	2	3	4

Weekend

weekend

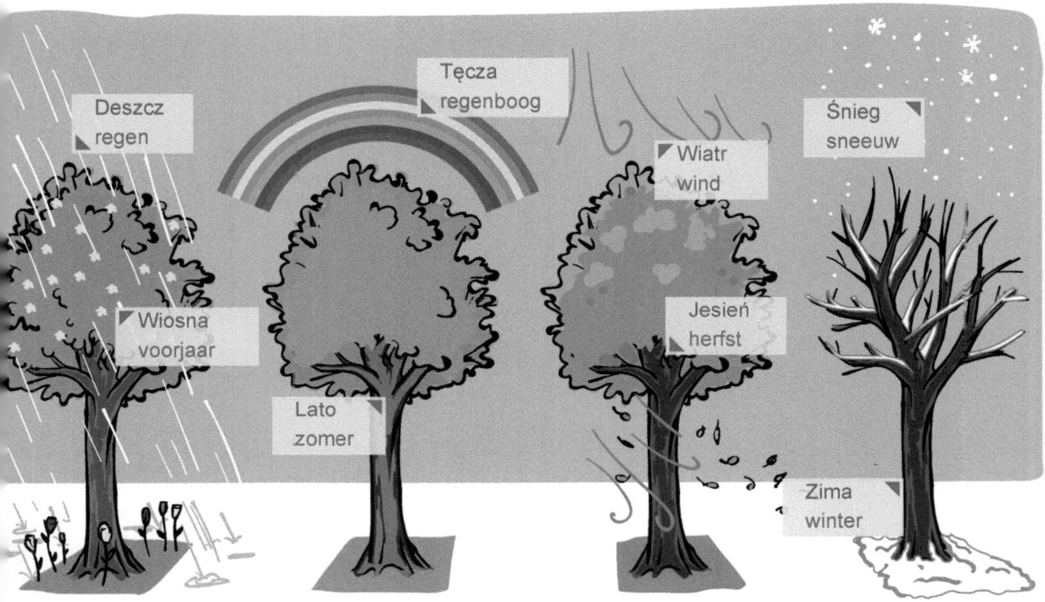

Deszcz
regen
Tęcza
regenboog
Śnieg
sneeuw
Wiatr
wind
Wiosna
voorjaar
Jesień
herfst
Lato
zomer
Zima
winter

4.APRIL 11°
5.APRIL 4°
6.APRIL 13°
7.APRIL 8°
8.APRIL 10°

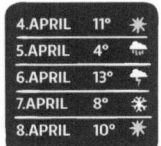

Prognoza pogody

weerbericht

F C
120 40
90 30
60 20
30 10
0 0
-30 -10
-20

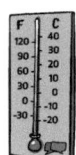

Termometr

thermometer

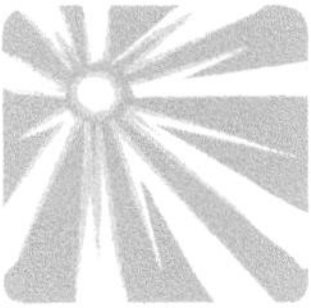

Światło słoneczne

zonneschijn

Chmura

wolk

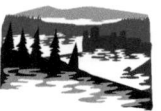

Mgła

mist

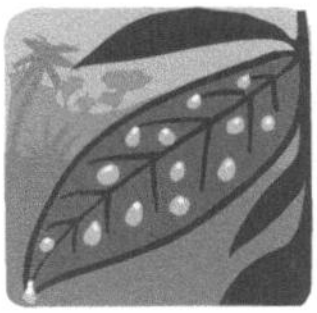

Wilgotność powietrza

luchtvochtigheid

Błyskawica

bliksem

Grzmot

donder

Sztorm

storm

Grad

hagel

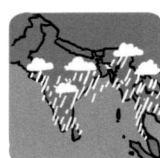

Monsun

moesson

Potop

overstroming

Lód

ijs

Styczeń

januari

Luty

februari

Marzec

maart

Kwiecień

april

Maj

mei

Czerwiec

juni

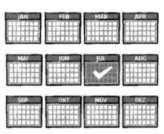

Lipiec

juli

Sierpień

augustus

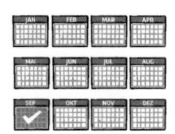

Wrzesień
....
september

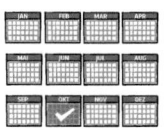

Październik
....
oktober

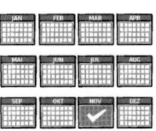

Listopad
....
november

Grudzień
....
december

Koło
....
cirkel

Kwadrat
....
vierkant

Prostokąt
....
rechthoek

Trójkąt
....
driehoek

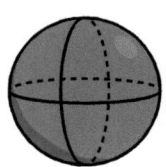

Kula
....
bol

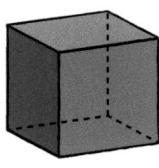

Sześcian
....
kubus

biały
....
wit

żółty
....
geel

pomarańczowy
....
oranje

różowy
....
roze

czerwony
....
rood

liliowy
....
paars

niebieski
....
blauw

zielony
....
groen

brązowy
....
bruin

szary
....
grijs

czarny
....
zwart

dużo / mało

veel / weinig

wściekły / spokojny

boos / rustig

piękny / brzydki

mooi / lelijk

początek / koniec

begin / einde

duży / mały

groot / klein

jasny / ciemny

licht / donker

brat / siostra

broer / zus

czysty / brudny

schoon / vies

kompletny / niekompletny

volledig / onvolledig

dzień / noc

dag/ nacht

umarły / żywy

dood / levend

szeroki / wąski

breed / smal

jadalny / niejadalny

eetbaar / oneetbaar

zły / uprzejmy

gemeen / aardig

podniecony / znudzony

opgewonden / verveeld

gruby / chudy

dik / dun

najpierw / na końcu

eerste / laatste

przyjaciel / wróg

vriend / vijand

pełen / pusty

vol / leeg

twardy / miękki

hard / zacht

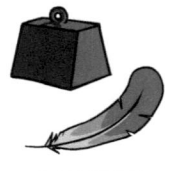

ciężki / lekki

zwaar / licht

głód / pragnienie

honger / dorst

chory / zdrowy

ziek / gezond

nielegalny / legalny

illegaal / legaal

inteligentny / głupi

intelligent / dom

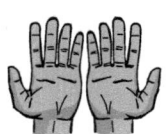

lewo / prawo

links / rechts

bliski / daleki

dichtbij / ver

nowy / używany
nieuw / gebruikt

nic / coś
niets / iets

stary / młody
oud / jong

włącz / wyłącz
aan / uit

otwarty / zamknięty
open / gesloten

cichy / głośny
zacht / luid

bogaty / biedny
rijk / arm

prawidłowy / błędny
goed / fout

chropowaty / gładki
ruw / glad

smutny / szczęśliwy
verdrietig / gelukkig

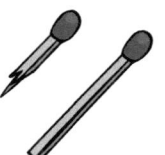

krótki / długi
kort / lang

powolny / szybki
langzaam / snel

mokry/suchy
nat / droog

ciepły / chłodny
warm / koel

wojna / pokój
oorlog / vrede

0

zero

nul

1

jeden

één

2

dwa

twee

3

trzy

drie

4

cztery

vier

5

pięć

vijf

6

sześć

zes

7

siedem

zeven

8

osiem

acht

9

dziewięć

negen

10

dziesięć

tien

11

jedenaście

elf

12

dwanaście

twaalf

13

trzynaście

dertien

14

czternaście

veertien

15

piętnaście

vijftien

16

szesnaście

zestien

17

siedemnaście

zeventien

18

osiemnaście

achttien

19

dziewiętnaście

negentien

20

dwadzieścia

twintig

100

sto

honderd

1.000

tysiąc

duizend

1.000.000

milion

miljoen

Angielski

Engels

Angielski amerykański

Amerikaans Engels

Chiński mandaryński

Chinees Mandarijn

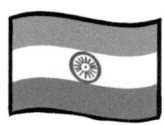

Hindi

Hindi

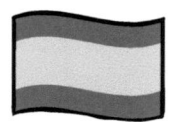

Hiszpański

Spaans

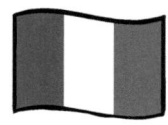

Francuski

Frans

Arabski

Arabisch

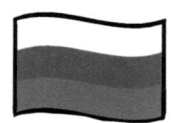

Rosyjski

Russisch

Portugalski

Portugees

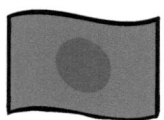

Bengalski

Bengalees

Niemiecki

Duits

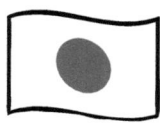

Japoński

Japans

ja
....
ik

ty
....
jij

on / ona / ono
....
hij / zij / het

my
....
wij

wy
....
jullie

oni
....
zij

kto?
....
wie?

co?
....
wat?

jak?
....
hoe?

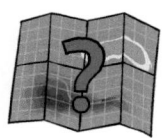

gdzie?
....
waar?

kiedy?
....
wanneer?

Nazwisko
....
naam

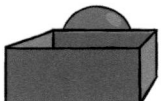

za
....
achter

w
....
in

przed
....
voor

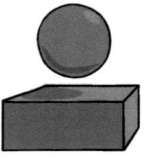

powyżej
....
boven

na
....
op

pod
....
onder

obok
....
naast

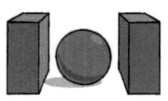

między
....
tussen

Miejsce
....
plaats